Rafael Arozarena

Rafael Arozarena Doblado (Santa Cruz de Tenerife, 1923-2009).

En 1988 recibió el Premio Canarias de Literatura, ingresando en la Academia Canaria de la Lengua en el año 2000. Tres años más tarde recibió la Medalla de Honor de la Universidad Internacional Menéndez Pelayo y en 2004 ingresa en la Academia de Ciencias e Ingenierías de Lanzarote. En 2017 es elegido por el Gobierno de Canarias para celebrar el Día de las Letras Canarias.

Es, sin duda, una de las principales figuras de la literatura contemporánea. A Rafael Arozarena hay que acercarse con una mirada poliédrica. Tiene tantas facetas que siempre descubrimos algo nuevo en él y en su obra. Y desde luego nunca defrauda. Creador incansable y curioso, con una mente lúcida y una imaginación desbordante, ha cultivado numerosos géneros literarios.

Creador nato, creó y formó parte del grupo que se denomina *fetasianos* y está considerado como un humanista. En su obra así se constata.

A su obra poética pertenecen los títulos *Alto crecen los cardos, Aprisa cantan los gallos, El ómnibus pintado con cerezas, Silbato de tinta amarilla, Desfile otoñal de los obispos licenciosos, Fetasian Sky, Poliedros del mar* y sus novelas *Mararía, Cerveza de grano rojo, La garza y la violeta, Fantasmas y tulipanes, Los ciegos de la media luna, El señor de Faldas Verdes*. Escribió cuentos, artículos, ensayos y publicó en revistas y periódicos. Aparece en numerosas Antologías y fue uno de los creadores del actual Museo de la Naturaleza y Arqueología de Santa Cruz de Tenerife. Realizó varias exposiciones pictóricas y su obra ha sido traducida al alemán, italiano y al francés.

María José

Poema [2003]

María José

Poema [2003]

Rafael Arozarena

María José Poema [2003]
Rafael Arozarena

Directora de arte: Rosa Cigala

Primera edición en Ediciones Idea: 2023
© De la edición:
 Ediciones Idea, 2023
© Del texto:
 María José Pérez Andreu
© De la ilustración de la cubierta:
 Lectora en el Café París, de Rafael Arozarena, 2003. Técnica mixta sobre papel, 50x65 cm

Ediciones Idea
• San Clemente, 24 Edificio El Pilar
38002 Santa Cruz de Tenerife.
Tel.: *922 532150
Fax: 922 286062
• León y Castillo, 39 - 4º B
35003 Las Palmas de Gran Canaria.
Tel.: 928 373637 - 928 381827
Fax: 928 382196

• correo@edicionesidea.com
• www.edicionesidea.com

Fotomecánica e impresión: Gráficas Tenerife, S.A.
Impreso en España – Printed in Spain
ISBN: 978-84-19681-26-3
Depósito legal: TF 461-2023

Con motivo de la celebración, en este año 2023, del Centenario del nacimiento de Rafael Arozarena, Ediciones Idea ha querido rendirle un especial homenaje con la publicación de tres poemarios inéditos: *MARIA JOSE Poema [2003]*, *Memorias de una ausencia* y *Baladas de Anaga*.

Se ha respetado, en lo posible, el formato de los originales y su concepción. Arozarena realizó estos poemarios de una manera que podríamos llamar artesanal. En cuadernitos pequeños, con las páginas en blanco, iba recortando y pegando los versos del poema que, previamente, había escrito. Igual hizo con los cuadritos, a modo de ilustraciones. Los pintaba y los pegaba. A veces, la primera letra que inicia el poema es más grande y la ponía como una pequeña pegatina. Todo ello convierte a estas tres obras en pequeñas joyas literarias.

No podemos obviar el carácter amoroso de los poemarios, unido a una constante en su obra y en su vida, LA NATURALEZA, representada aquí por el mar y la cordillera de Anaga. Amor y naturaleza, que siguen demostrando que el universo poético de Arozarena es único e irrepetible.

Índice

María José

Poema [2003]

Rafael Arozarena

VERÁS el trozo de luz que deseo ser para ti
del fuego sacado en perfiles el mejor rojo
de pico de mirlo de rosa de fuego
caldera encendida
de la pasión por la vida
y el destino de los rubores
donde siempre estás tú al final ardiente
ardida
llama en mi rojo tejado con arrullo
de tórtolas de fuego

para encender los semáforos
del gran juego del amor
No ves mis manos
ves un bando de palomas
que ascienden hacia el sol
rojo calor y fuego
cuando se bañan en la luz
libre sea ya la palabra que se iguala
con amor para escalar los recintos
volcánicos donde la piedra
como tú ardida

como tú ardida donde yo me quemo
para fortalecer el árbol rojo de la sangre
y sus flores perennes sean

flamboyán que florece
para darte la sombra y el calor
cuando mires y veas
toda la luz que deseo ser para ti.

NO SON rojas las ausencias
mas la tuya sí
que en mi interior se enciende
como el horizonte rojo de tus labios

tanta ventura del sueño
cárcel de pascuas para el color del fuego
para el fuego mismo
bellísima puerta del infierno
donde mis alegrías siento.

RUEDAN los granates de mi sangre
   como encienden el interior deseado
se trastoca el cielo se vuelve cuerpo de satán
y me río y me río mientras la vida
me sea dada por el señor de los placeres
y el fuego el mismo fuego
que dios usó para hornear mi barro
la frágil pieza para contener
todos los sucesos
hasta el amor que ahora rebosa
y deja iluminada mi ceniza.

FELIZ soy acompañando
el agua fría de la piel
que se desliza entre el cañaveral
de otros sucesos
salpicados de ranitas rojas
pequeños venenos que lastiman
las paredes de este palacio de luces
que encendiste con amor y sorpresa
las propias llamas tuyas María José
avivado el fuego
con pavesas de mil colores
nuevas luces
el fuego.

BRINDANDO pequeños rincones
de calor y felicidad
dedos ajenos se queman donde
ignoran el fuego
y nuestras pestañas permanecen
rejas de cárcel para el sueño
que no se vaya de mí

tus rasgos mantienen mi vigilia
en el ardor de mi existencia
en esta soledad
mi grata compañía
en la cama roja del atardecer
junto al mar ya espejo de fuego

donde este poema vuelco
en el fuego del agua para calmar el cuerpo
el caballo desbocado
que hacia el horizonte avanza
hacia la hoguera del sol.

A VECES los capítulos se rompen
entre nuestras manos
culpables de la lluvia de nuestros ojos
el fuego apagando
perros negros las nubes en el cielo
pastan en paisajes de tinta negra
pero hay luces en la tierra
en nuestros pies los granates brillan
diminutos
la pequeña sangre verde
de las esmeraldas
verdaderos diamantes pavesas
o rescoldos del fuego
que volvemos a prender

hasta la gran hoguera amor
que siempre ilumina
esta choza nuestra
donde nos tocó vivir
palacio cuando queremos
cielo rojo ventanal encendido
donde ya del todo florece
el flamboyán
que plantamos en la orilla del sueño.

MI CUERPO de tea para resistir el fuego
el ardor que de ti viene
los zapatos rojos del viento del sur
todo en tus ojos
con el vendaval de tus asombros
por vivir en la hoguera
mantener la llama
la mejor luz de la vida
bestia de la bestia
vida sus brazos de llamas gritando
amor

NUESTRA risa la felicidad inflamable
trallas de la resina que me conserva vivo
en el interior del resplandeciente fuego
del beso del atardecer
largo el beso
largos labios de la noche
hasta mañana
cuando tú el sol
la antorcha de nuevo me entregue
para el fuego
la luz

la aurora tú
la pasión
el rojo se encienda en el hermoso
paisaje amor donde vivimos

LOS PERROS negros
las nubes las nubes esas que lentas pasan
y nos miran con pena
soportan la noche sin rojo
frías alas de agua
de acero un lago de penas
orillas con negros troncos de mala conciencia
húmedos abedules que lloran sin más.

El barquero es conocido
su barca
en la noche pedimos
un cargamento de naranjas de la luna
porque tengan los sueños
el sabor agridulce
luces en la noche de mar oscura
sin ti
razón ahora
de una lágrima de plata
única estrella en el cielo.

NARANJAS y cerezas
juntas prenderán el color del fuego
satán nuestro de cada día
el rojo para quitar azules
quemar el frío
la palabra congelada
vayamos hacia la rosa
su llama en la ventana sea de nuevo
el amanecer de un tiempo aprendido
tea para recibir el fuego donde
caminar descalzos sobre diamantes.

EN LA ORILLA del mar
la sal de la vida en los labios
FUEGO la palabra preciosa
corteza que nos defiende
de las vacías sombras
de la noche oscura.

EL DIABLO ángel guardián de
nuestras pasiones
el fuego que es vivir
notando la vida
deber de nuestro espíritu
la preciosa coraza
contra la razón
ala navegadora
del mundo misterioso de amarte
incandescente cielo
mi eterna residencia.

NO SABEMOS aún si arde el silencio
si tiene luz propia
es molesto el canto de los gallos
que anuncian la luz tardíamente
abre los ojos María José
y mira el día
ya está la luz el fuego
en los rayos del sol
se columpian los pájaros
y cantan
olvida la fría barca de la luna
Ya es luz
ya es el fuego y el hermoso flamboyán
el día
y Dios
nuestra habitación enciende.

ESTA noche
el mar es un pavo azul
y cabe en mi mano
la luna salta
pequeña pelota de ping-pong
en el hule verde del cielo
te espero sentado en el articulado
sillón de cassiopea
tan grande es mi palacio
para recibirte
tan grande me hace
la esperanza de verte
de escalar hasta el rojo de tus labios
cuando haces el amanecer
el fuego para el sol que nos alumbra.

¿QUÉ tienes María José
que eres el mundo?

Nuestra fragata "Ilusión"
arriba a los pueblos solitarios
sus mástiles de araucarias
sobresalen de las iglesias
crece la hierba del tiempo
entre las piedras de las calles
alguien nos cruza y saluda
¿Quién es?

Solo tengo ojos para ti.

EN SUERTE me ha tocado amor
el gran incendio me pertenece.

ENCRESTADO mar
de las tardes encendidas
en la cristalera de tu ventana
Mis olas
un desfile constante
de gallos rojos
hacia ti
el nácar de tus playas
ansiada tu piel para el descanso
una y otra vez
siempre la monótona decisión
de quererte
yo siendo mar.

BREVES palabras mías
caídas hoy de mi otoño
se hicieron blandas mis manos
acariciando el tiempo
de tu ausencia

hoja seca el mar
hoy tan sin amor duele.

YA SÉ

que te amo
a la altura del riesgo
sobre las nubes
en la ruta de las palomas torcaces
huyendo de la santidad de las campanas
yo el fuego
para fundir las retamas
yo abeja en tu cuello
libando en tu piel de azúcar
porque ya es la claridad
cuando Dios hace de tus senos
blanco y puro el amanecer.

Rafael Arozarena
Títulos publicados

- María José Poema [2003]
- Memorias de una ausencia
- Baladas de Anaga

Rafael Arozarena Doblado (Santa Cruz de Tenerife, 1923-2009).
En 1988 recibió el Premio Canarias de Literatura, ingresando en la Academia
Canaria de la Lengua en el año 2000. Tres años más tarde recibió la Medalla
de Honor de la Universidad Internacional Menéndez Pelayo y en 2004 in-
gresa en la Academia de Ciencias e Ingenierías de Lanzarote. En 2017 es ele-
gido por el Gobierno de Canarias para celebrar el Día de las Letras Canarias.
Es, sin duda, una de las principales figuras de la literatura contemporánea. A
Rafael Arozarena hay que acercarse con una mirada poliédrica. Tiene tantas
facetas que siempre descubrimos algo nuevo en él y en su obra. Y desde luego
nunca defrauda. Creador incansable y curioso, con una mente lúcida y una
imaginación desbordante, ha cultivado numerosos géneros literarios.
Creador nato, creó y formó parte del grupo que se denomina *fetasianos* y está
considerado como un humanista. En su obra así se constata.
A su obra poética pertenecen los títulos *Alto crecen los cardos, Aprisa cantan
los gallos, El ómnibus pintado con cerezas, Silbato de tinta amarilla, Desfile
otoñal de los obispos licenciosos, Fetasian Sky, Poliedros del mar* y sus nove-
las *Mararía, Cerveza de grano rojo, La garza y la violeta, Fantasmas y tulipa-
nes, Los ciegos de la media luna* y *El señor de Faldas Verdes*. Escribió cuentos,
artículos, ensayos y publicó en revistas y periódicos. Aparece en numerosas
Antologías y fue uno de los creadores del actual Museo de la Naturaleza y
Arqueología de Santa Cruz de Tenerife. Realizó varias exposiciones pictóricas
y su obra ha sido traducida al alemán, italiano y al francés.